치매예방을 위한 뇌훈련

실버인지

속담놀이

워크북

 ㈜한국실버교육협회

머리말

　속담은 매일 이야기 나누거나 언급되는 것은 아니지만, 평생을 걸쳐 곳곳에서 마주하며 살게 되는 비유언어이다. 속담이 삶의 지혜를 압축한 말이기에 세상 경험이 많지 않은 어린 나이에는 그 뜻을 알고자 노력하지만, 나이가 들수록 속담은 다양한 삶의 경험에서 확인하며 지혜와 깨달음으로 축적되어 가는 존재가 된다.

　어르신들은 아동이나 젊은이들보다 예로부터 사용되던 속담을 더 많이 알고 있는 경우가 많다. 속담 관련 수업을 하는 노인교육 강사들은 어르신들에게 오히려 배우고 온다고 할 정도로 어르신들의 속담 관련 어휘력에 놀라곤 한다. 잘 활용한다면 속담은 노인들의 어휘력, 기억력 향상뿐만 아니라 자존감 향상에도 기여할 수 있는 소재가 될 수 있지만, 지금까지 노인 전문 속담책은 없었기에 이 책을 기획하게 되었다.

　이 책은 속담 빈칸을 완성하는 문제와 함께 보기로 250종류의 그림들을 실어 두었다. 그림을 보고 단어 이름을 떠올리는 문제를 통해 나이가 들수록 떨어지는 단어 기억력 저하를 막고 인지능력 및 언어능력을 향상시킬 수 있다. 또한 속담 선 연결하기, 속담 사다리 연결하기, 숨은 속담 찾기와 같은 문제들로 흥미 있게 속담관련 문제를 풀 수 있도록 하였다. 정답과 함께 모든 수록 속담의 뜻도 실어 두어 필요시 속담의 뜻도 바로 확인할 수 있게 하여 어휘능력을 유지 및 향상시킬 수 있도록 하였다.

　이 책을 통해 어르신들이 자주 쓰던 속담들을 풍성하게 마주하면서, 기억력과 어휘력을 유지할 수 있는 유익함과 함께 다양한 문제를 풀어보는 재미를 같이 누리실 수 있기를 기대하며…

저자 윤소영

목 차

속담 빈칸 채우기

초급

빈칸 한 개 채우기

1. 속담의 빈칸에 들어갈 단어를 찾아 번호에 ◯해 주세요.

2. 속담 빈칸과 ①,②,③번 아래 빈칸에 단어를 적어보세요.

1. 개밥에 [   ]

①	②	③

2. [   ] 날자 배 떨어진다.

①	②	③

3. [   ] 목에 방울 달기

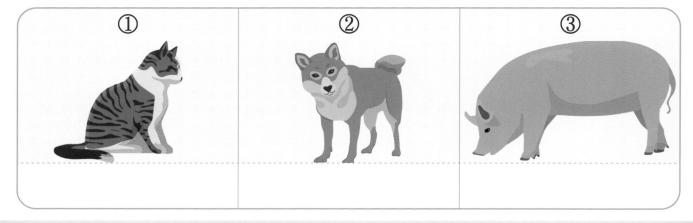

①	②	③

4. [_____] 귀에 경 읽기

① ② ③

5. [_____] 먹고 알 먹기

① ② ③

6. 낮말은 새가 듣고 밤말은 [_____] 가 듣는다.

① ② ③

7. 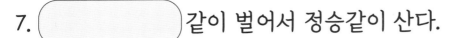 같이 벌어서 정승같이 산다.

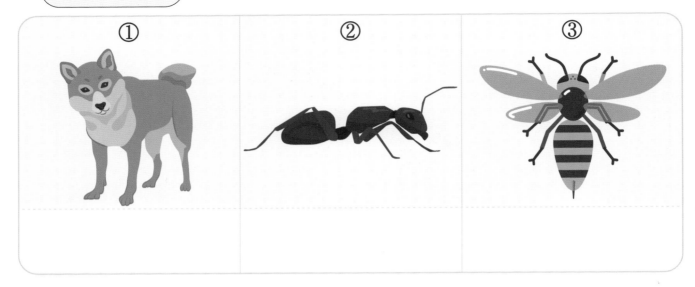

8. 아니 땐  에 연기 나랴

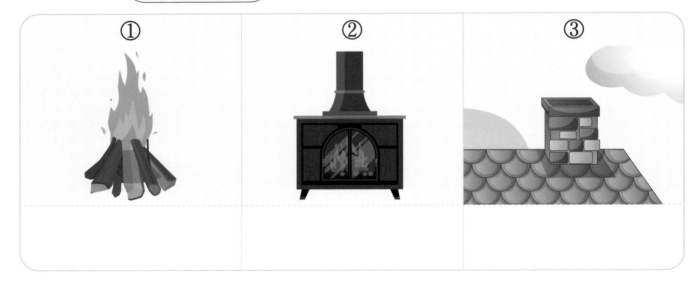

9. 사공이 많으면 배가  으로 올라간다.

10. [　　　　　]에 가서 숭늉 찾는다.

① ② ③

11. [　　　　　] 겉 핥기

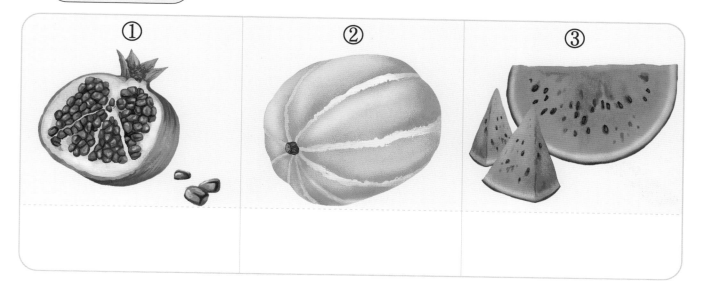

① ② ③

12. 오뉴월 감기는 [　　　　　]도 안걸린다.

① ② ③

13. 가뭄에 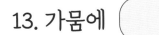 나듯 한다.

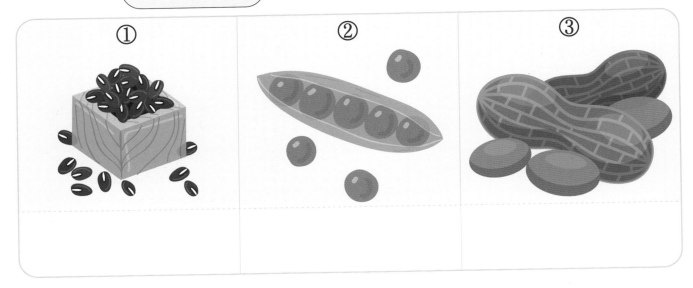

14. 믿는 에 발등 찍힌다.

15. 얌전한 부두막에 먼저 올라간다.

16. 눈감으면 [   ] 베어 가는 세상이다.

①	②	③
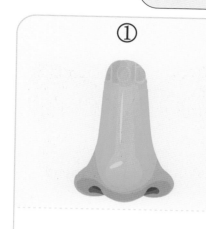	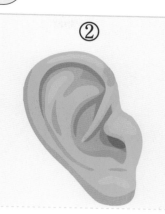	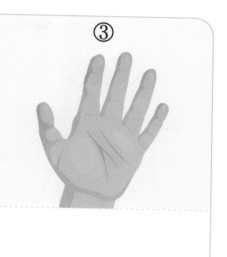

17. 개천에서 [   ] 난다.

①	②	③

18. [   ] 도 줄을 쳐야 벌레를 잡는다.

①	②	③

19. [　　　　　　]도 유월이 한철이다.

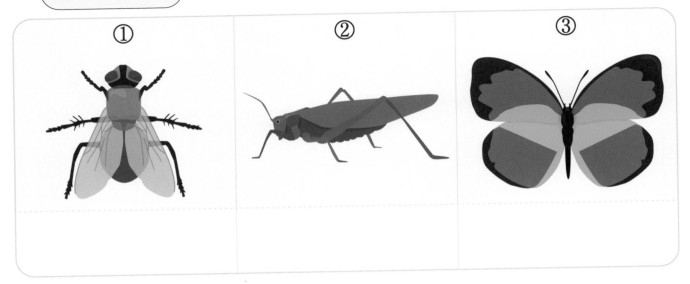

① ② ③

20. [　　　　　　]로 막을 것 가래로 막는다.

① ② ③

21. [　　　　　　]이 서말이라도 꿰어야 보배

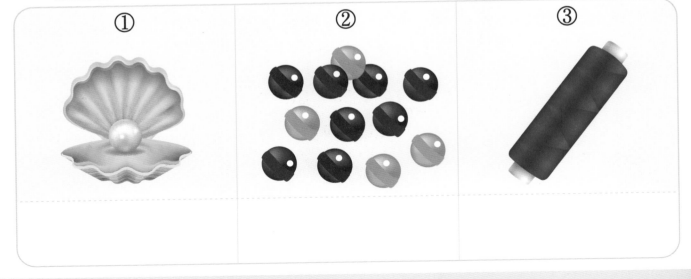

① ② ③

22. 가지 많은 [   ] 바람 잘날 없다.

① ② ③

23. [   ] 안 개구리

① ② ③

24. [   ] 도 두들겨 보고 건넌다.

① ② ③

25. [＿＿＿＿＿＿] 도 제 말 하면 온다.

① ② ③

26. 밥 먹을 때는 [＿＿＿＿＿＿] 도 안 건드린다.

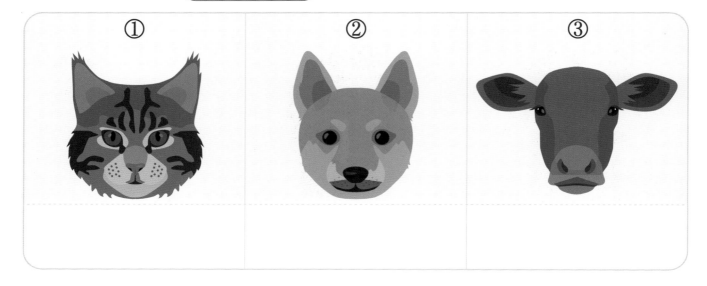

① ② ③

27. 빈 [＿＿＿＿＿＿] 가 요란하다.

① ② ③

28. ⬭ 한 마리가 온 웅덩이를 흐린다.

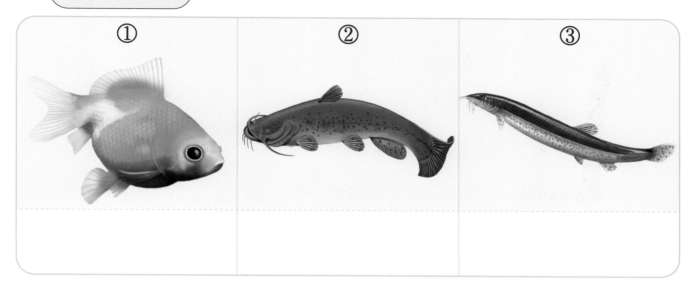

29. ⬭ 는 게 편

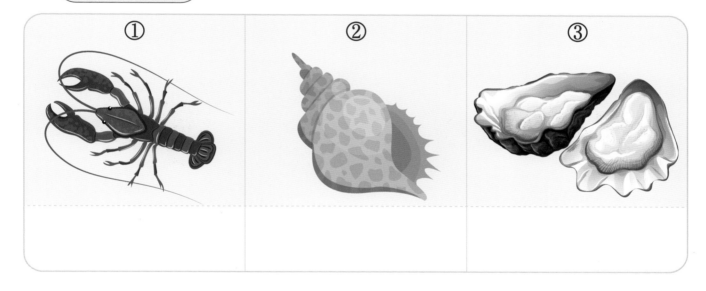

30. 마파람에 ⬭ 눈 감추듯

31.  밑이 어둡다.

32. _____ 도 밟으면 꿈틀한다.

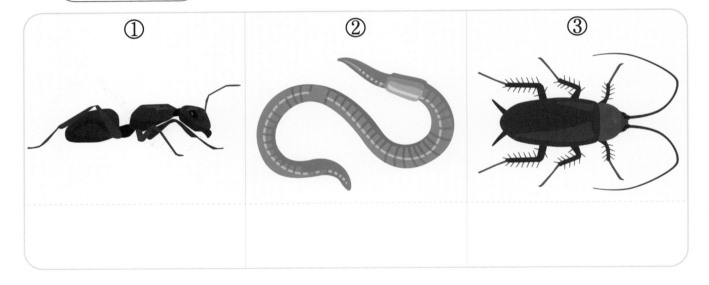

33. 공든 _____ 이 무너지랴

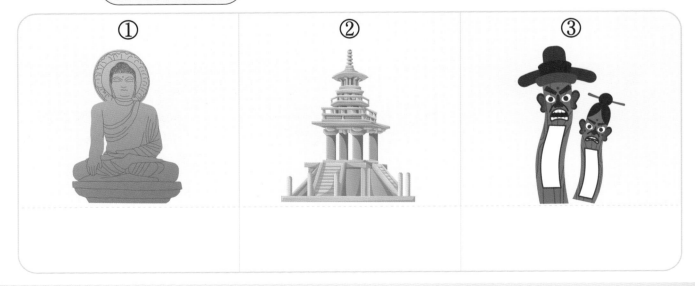

34. ( ) 로 물 베기

①　　　　　②　　　　　③

35. ( ) 이 검정 나무란다.

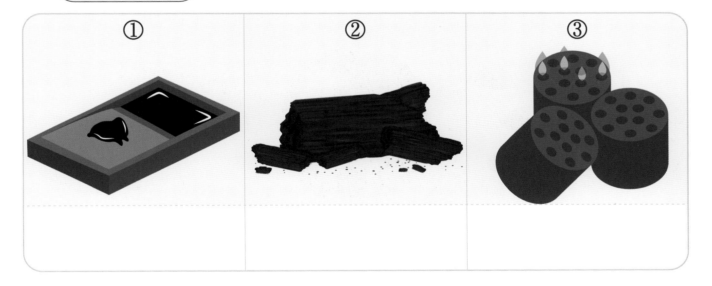

①　　　　　②　　　　　③

36. ( ) 이 열자라도 먹어야 양반

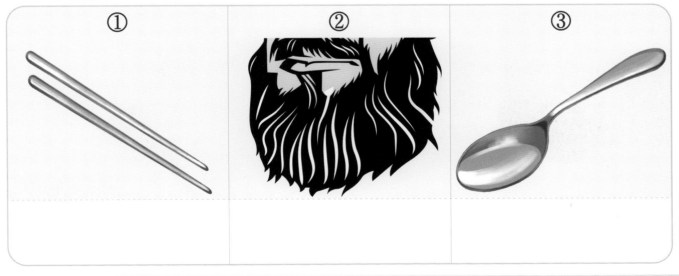

①　　　　　②　　　　　③

37. [ ]으로 바위 치기

① ② ③

38. 구르는 [ ]에는 이끼가 끼지 않는다.

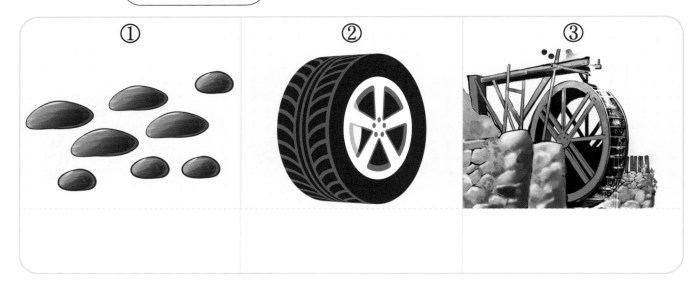

① ② ③

39. [ ]제 방귀에 놀란다.

① ② ③

40. [＿＿＿＿＿＿]이 넝쿨째 굴러 들어온다.

41. 황소 뒷걸음치다 [＿＿＿＿＿＿] 잡는다.

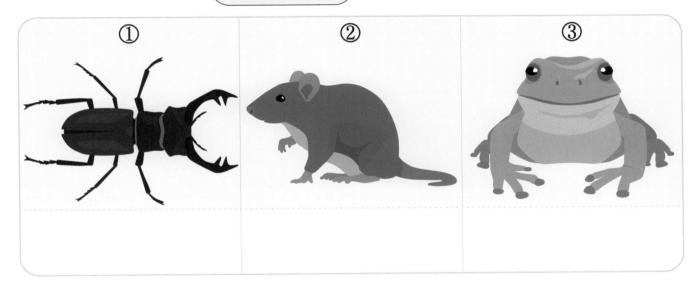

42. 못 먹는 [＿＿＿＿＿] 찔러나 보다.

43. [   ] 도 차면 기운다.

44. [   ] 도 짝이 있다.

45. 목마른 사람이 [   ] 판다.

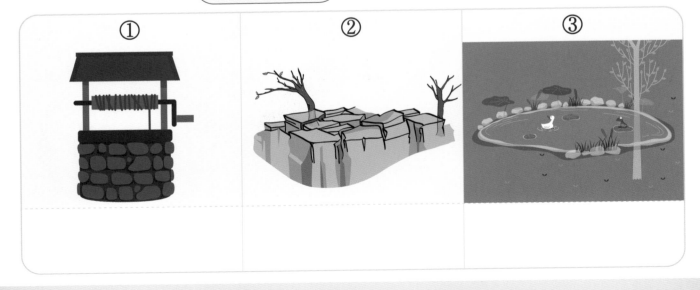

46. 밥 주고  뺏는다.

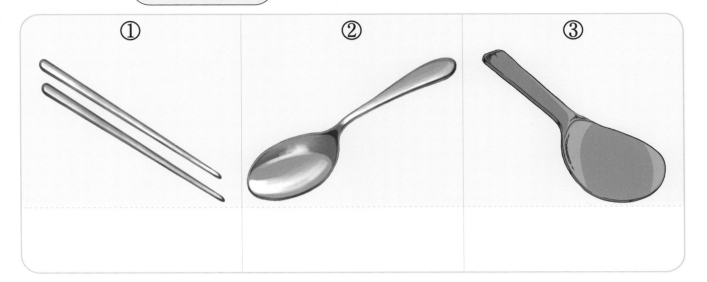

① ② ③

47. 미운 아이 _____ 하나 더 준다.

① ② ③

48. 무쇠도 갈면 _____ 된다.

① ② ③

49. 물에 빠진 놈 건져 놓으니 ( ) 내놓으라 한다.

① ② ③

50. 무심코 던진 돌에 ( ) 가 맞아 죽는다.

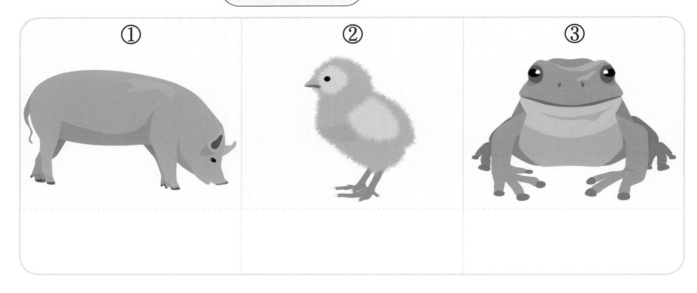

① ② ③

51. ( ) 가 길면 잡힌다.

① ② ③

52. 산  에 거미줄 치랴

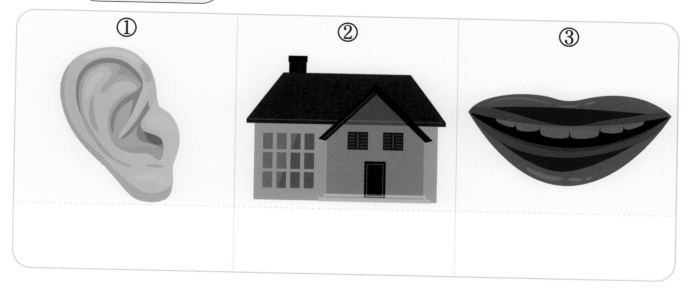

53. 물에 빠지면 [   ]라도 잡는다.

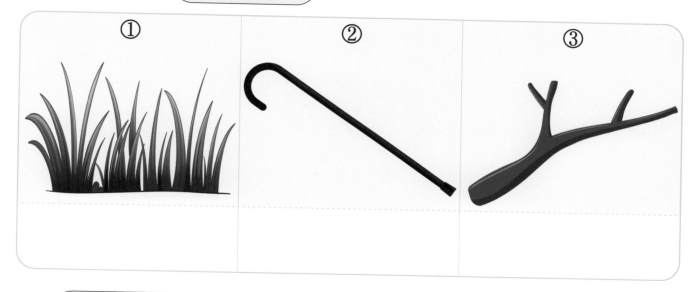

54. [   ]은 안으로 굽는다.

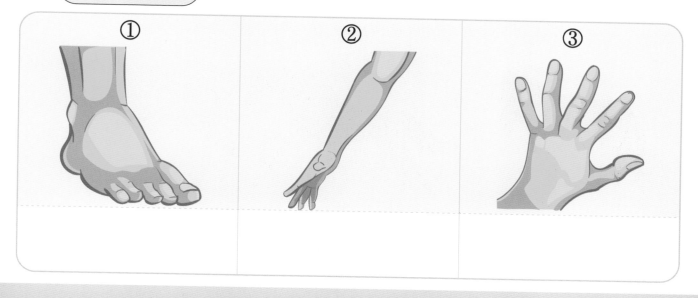

55. 남의 밥에 든 [ ]이 커보인다.

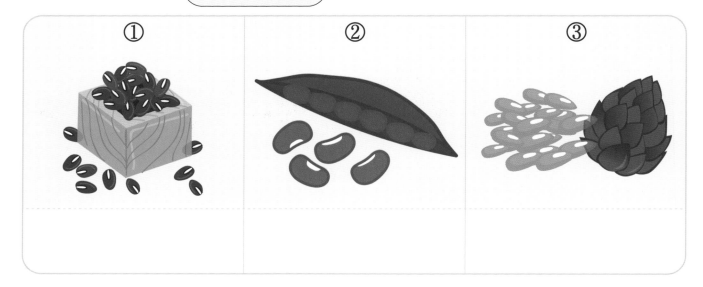

① ② ③

56. [ ]보고 칼 빼기

① ② ③

57. [ ]도 언덕이 있어야 비빈다.

① ② ③

58. 못된 [   ] 엉덩이에 뿔난다.

①

②

③

59. 가는 [   ] 잡으려다 잡은 [   ] 놓친다.

①

②

③

60. 가을 [   ] 처럼 욕심도 많다.

①

②

③

61. [   ] 보다 장맛

| ① | ② | ③ |

62. 모래밭에 [   ] 뽑듯

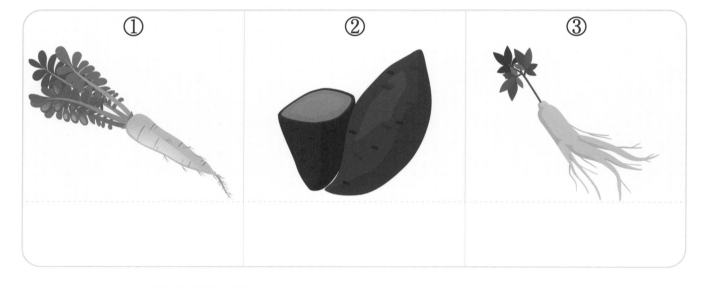

| ① | ② | ③ |

63. 발 없는 [   ] 이 천리 간다.

| ① | ② | ③ |

64. 번갯불에 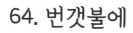 구워 먹겠다.

①	②	③
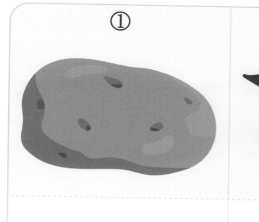		

65. ⬭ 앞에서 주름 잡기

①	②	③

66. ⬭ 도 나무에서 떨어질 날이 있다.

①	②	③

67. 제 눈의 [　　　]

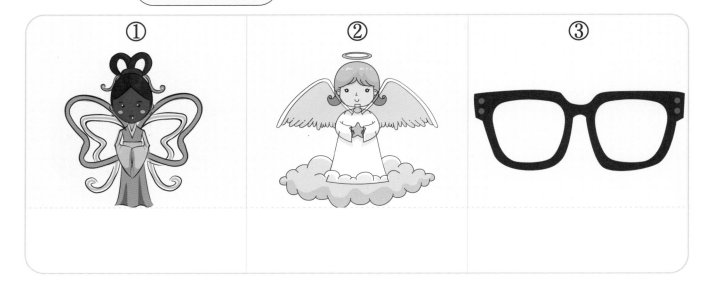

① ② ③

68. [　　　]한쪽도 나눠 먹는다.

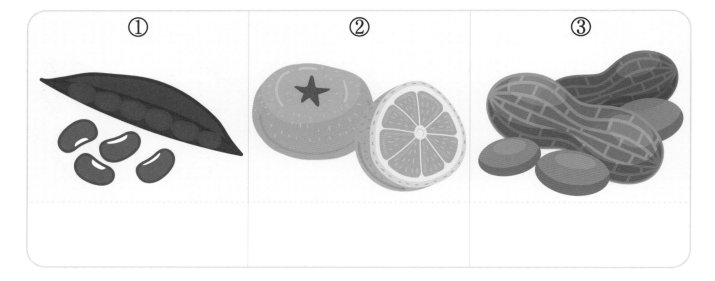

① ② ③

69. [　　　]가 부지런하면 손발이 느리다.

① ② ③

70. 호랑이 [   ] 빼오듯 한다.

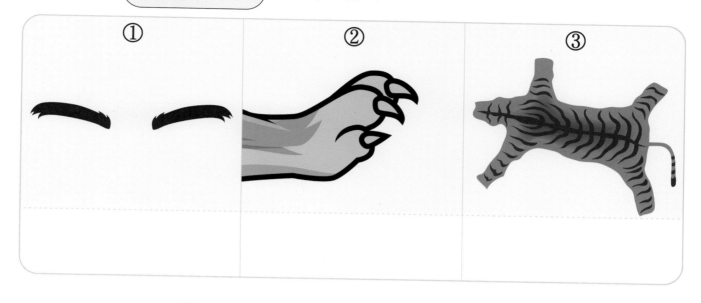

① ② ③

71. 콩밭에 가서 [   ] 찾는다.

① ② ③

72. [   ] 도 날이 서야 쓴다.

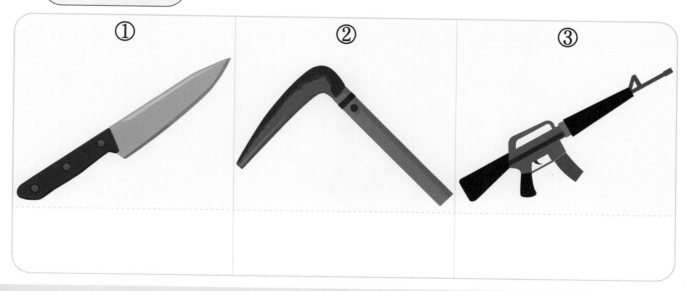

① ② ③

73. 나는 [   ] 도 떨어뜨린다.

①	②	③
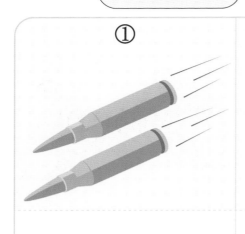		

74. [   ] 본 김에 제사 지낸다.

①	②	③

75. 순풍에 [   ] 단듯

①	②	③
		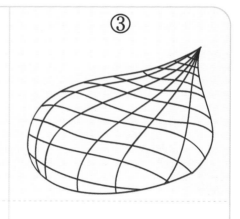

76. 비 온 끝에 자라듯

①	②	③
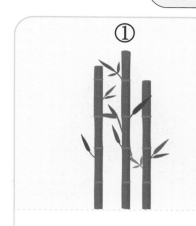		

77. 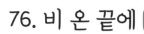 물에 빠져도 죽는 수가 있다.

①	②	③

78. 추풍속의

①	②	③

79. 남의 발에  신긴다.

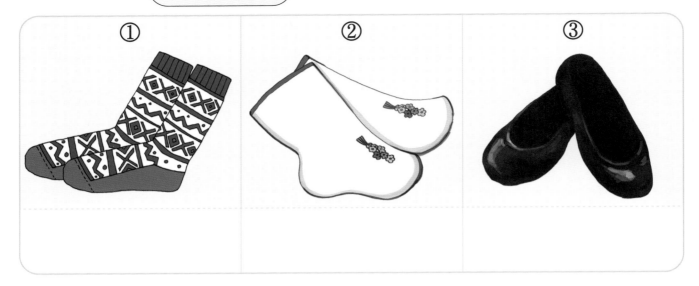

80. 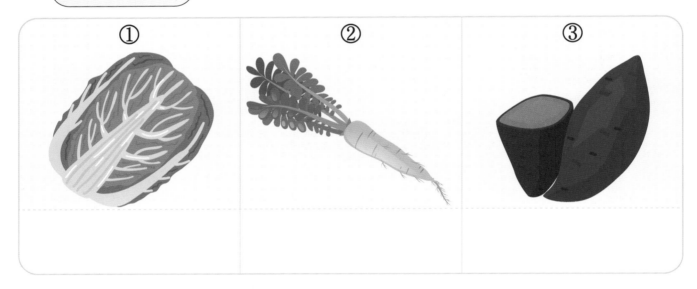 밭에 개똥처럼 내던진다.

81. 다 된 농사에 들고 덤빈다.

82. [   ] 껍데기는 녹슬지 않는다.

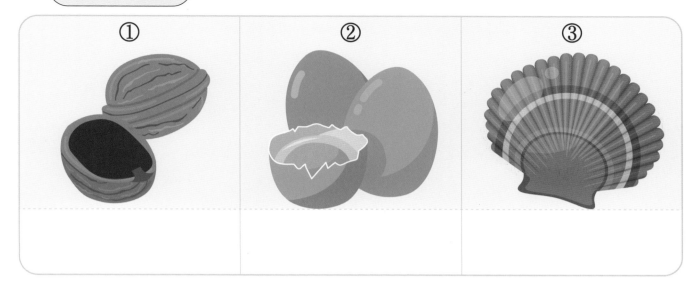

83. [   ] 도 마주서야 연다.

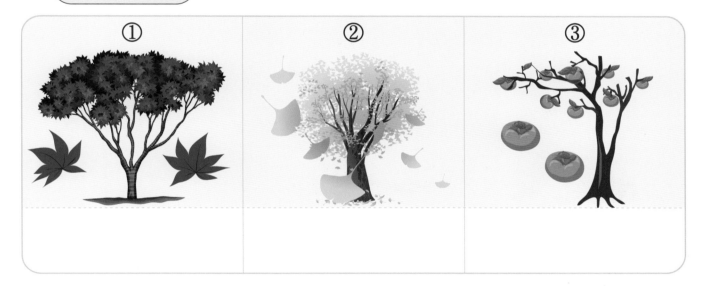

84. [   ] 도 굴러가다 서는 모가 있다.

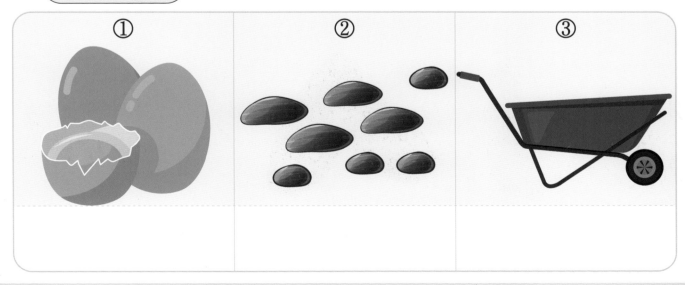

85. 당장 먹기엔 [   ] 이 달다.

①   ②   ③

86. [   ] 는 꼬리보고 잡는다.

①   ②   ③

87. 비오는 날 [   ] 찾듯

①   ②   ③

88. 달밤에 [　　　　　] 쓰고 나온다.

①	②	③
	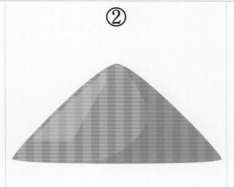	

89. [　　　　　]에 콩 볶듯 한다.

①	②	③

90. [　　　　　] 발톱에 봉숭아 물

①	②	③
	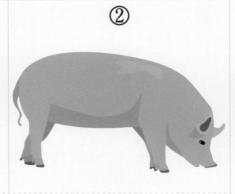	

중급

빈칸 두 개 채우기

1. 속담의 빈칸에 들어갈 단어를 찾아 번호에 ○해 주세요.

2. 속담 빈칸과 ①,②,③번 아래 빈칸에 단어를 적어보세요.

1. ⬭ 도둑이 ⬭ 도둑 된다.

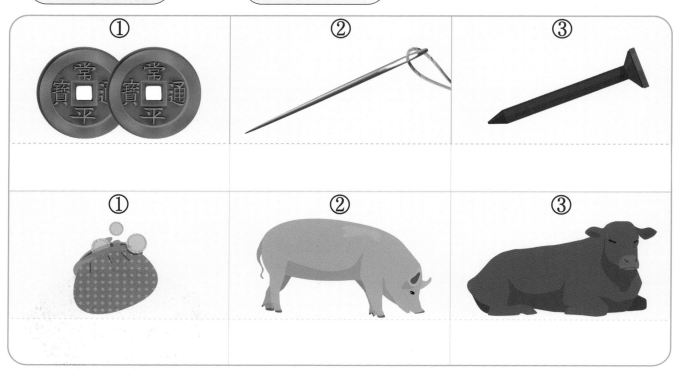

2. ⬭ 싸움에 ⬭ 등 터진다.

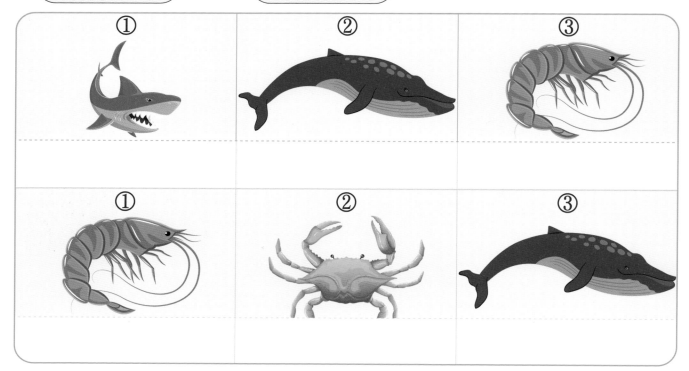

3. [　　　　　　] 보고 놀란 가슴 [　　　　　　] 보고 놀란다.

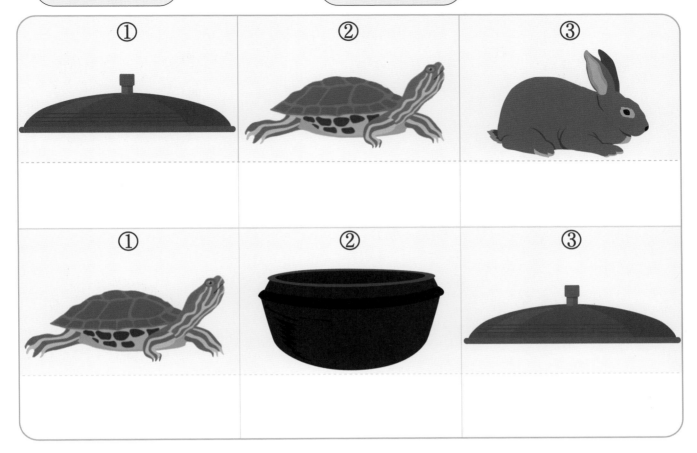

①	②	③
①	②	③

4. 남의 잔치에 [　　　　　　] 놓아라, [　　　　　　] 놓아라 한다.

①	②	③
①	②	③

5. [＿＿＿＿＿＿] [＿＿＿＿＿＿] 적 생각 못한다.

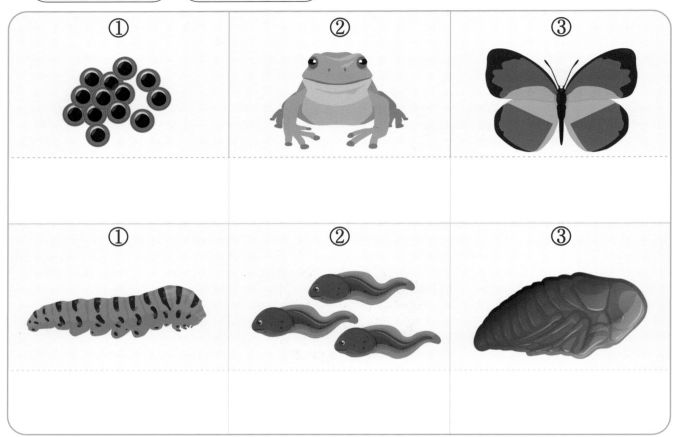

① ② ③

① ② ③

6. [＿＿＿＿＿＿] 의 꼬리보다 [＿＿＿＿＿＿] 의 머리가 낫다.

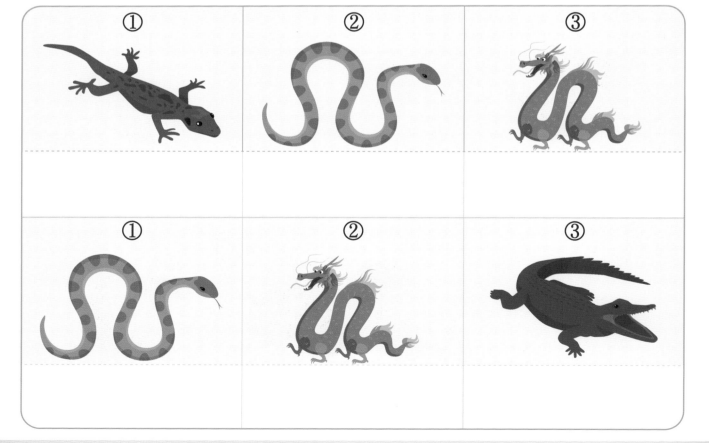

① ② ③

① ② ③

7. ⬚쓰고 ⬚입기

①	②	③
①	②	③

8. ⬚노는데 ⬚야 가지마라

①	②	③
①	②	③

9. [　　　　　]가 [　　　　　]구멍 찾는 격

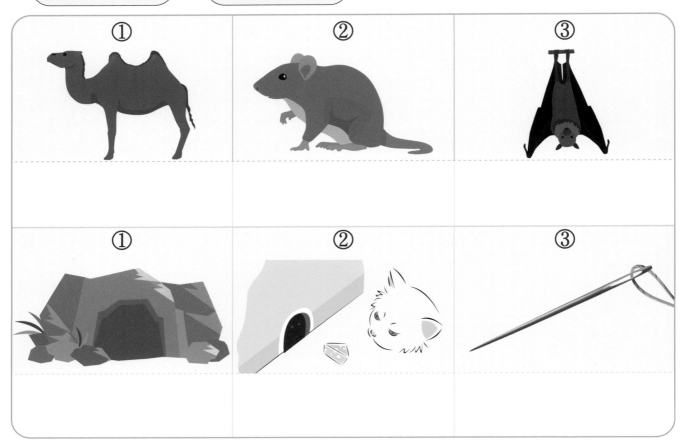

| ① | ② | ③ |

10. [　　　　　]가 양을 지키고, [　　　　　]가 생선을 지킨다.

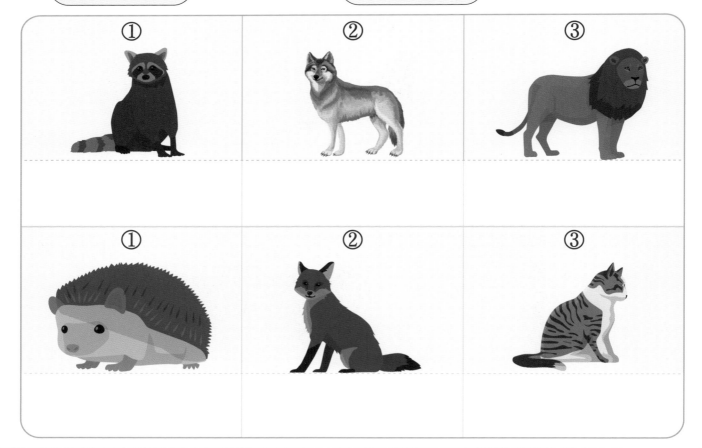

11. 어물전 망신은 [   ]가 시키고, 과일전 망신은 [   ]가 시킨다.

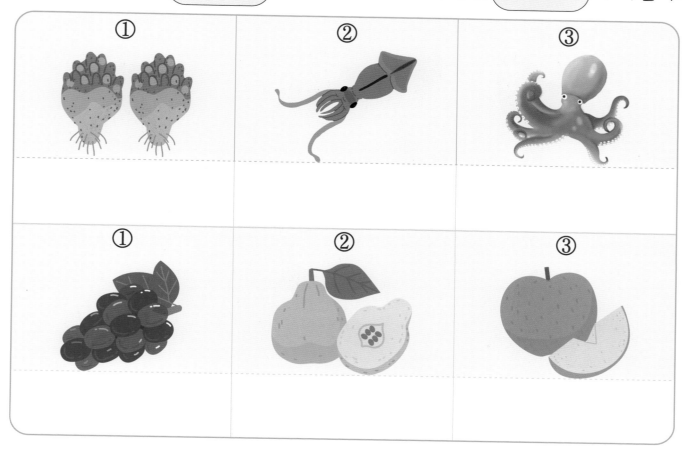

①	②	③

①	②	③

12. 재주는 [   ]이 넘고, [   ]은 주인이 가진다.

①	②	③

①	②	③

13. [   ] 도 제 굴에 들어온 [   ] 는 잡아먹지 않는다.

14. 혼자서 [   ] 치고 [   ] 친다.

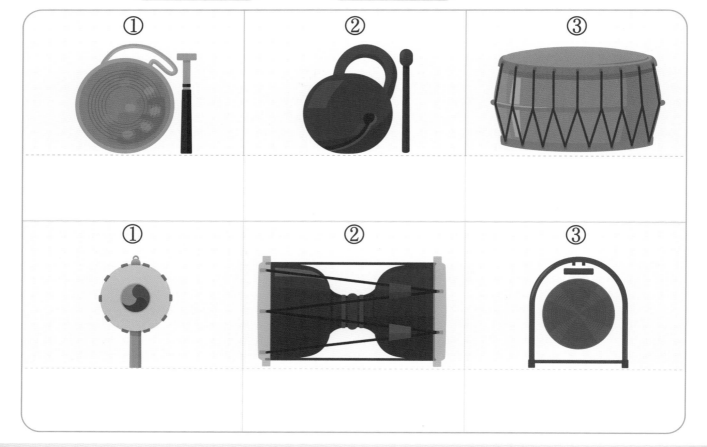

15.  없는 골에 （　　　　　）가 왕 노릇한다.

16. 가난이 （　　　　　）틈으로 새어들면, 사랑은 （　　　　　）열고 도망간다.

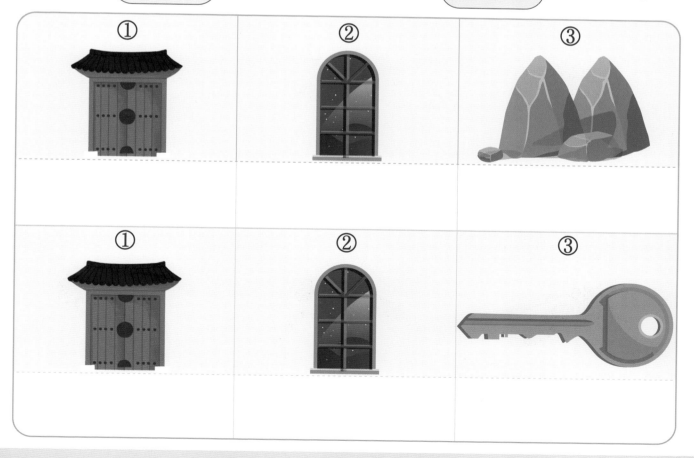

17. [　　　　　] 좋고 물 좋고 [　　　　　] 좋은데 없다.

①	②	③
①	②	③

18. 뛰면 [　　　　　], 날면 [　　　　　]

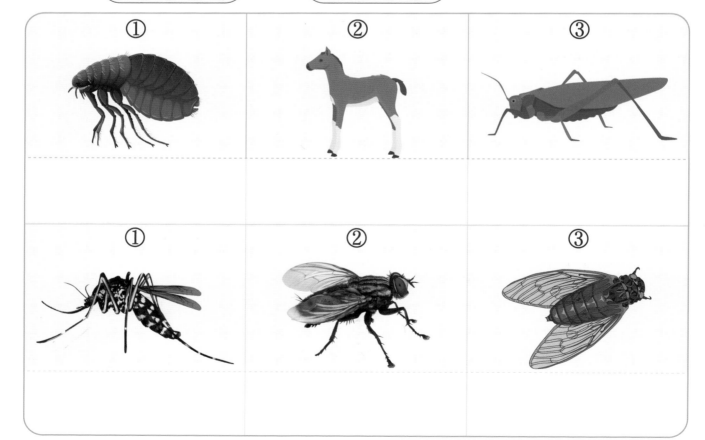

①	②	③
①	②	③

19. ⬜ 먹다가 ⬜ 빠진다.

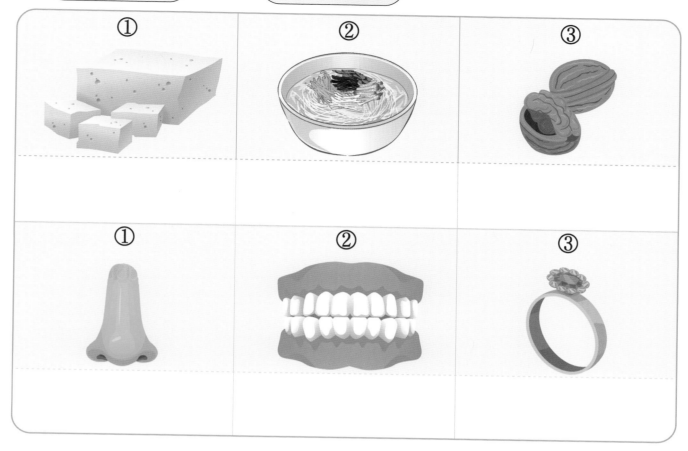

①	②	③

20. ⬜ 잡는 ⬜ 걸음

①	②	③

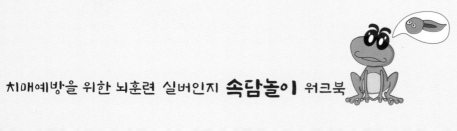

속담 연결하기

구불구불 선 연결하기

위에서 출발하여 선을 잘 따라가서 연결되는 속담을 찾아보세요.

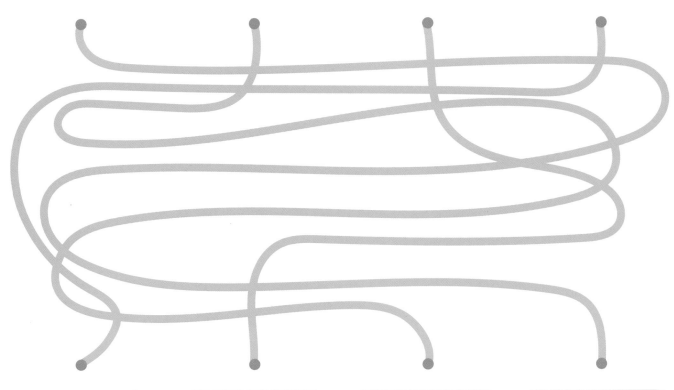

(가지나무에)　(눈 가리고)　(개구리)　(기러기가 가면)

(제비가 온다)　(뱀보듯 한다)　(아웅한다)　(수박 열린 격)

✏ 왼쪽 속담을 완성해 보고, 뜻을 오른쪽에서 찾아 선으로 연결해 보세요.

가지나무에	•	•	도저히 불가능한 일이 이루어졌다는 뜻
눈 가리고	•	•	몹시 두렵거나 싫은 표정이라는 뜻
개구리	•	•	어떤 것이 끝나면 새로운 것이 온다는 뜻
기러기가 가면	•	•	얕은 꾀로 남을 속이려고 한다는 뜻

| 도깨비 감투를 | 두부 먹다가 | 말 안하면 | 목구멍에 |

| 거미줄 친다 | 이빨 빠진다 | 뒤집어쓰다 | 귀신도 모른다 |

🖌️왼쪽 속담을 완성해 보고, 뜻을 오른쪽에서 찾아 선으로 연결해 보세요.

| 도깨비 감투를 | ● | ● | 쉬운 일을 하다가 어이없이 화를 당하다는 뜻 |

| 두부 먹다가 | ● | ● | 말을 해야 속마음을 알 수 있다는 뜻 |

| 말 안하면 | ● | ● | 몹시 가난하여 굶주린다는 뜻 |

| 목구멍에 | ● | ● | 갑자기 행운을 만나 좋은 일이 많아진다는 뜻 |

| 바늘 구멍으로 | 백사장에 | 업은 아기 | 가까운 길 버리고 |

| 모래알이다 | 하늘 보기 | 먼 길로 간다 | 삼년 찾는다 |

🖌 왼쪽 속담을 완성해 보고, 뜻을 오른쪽에서 찾아 선으로 연결해 보세요.

바늘구멍으로	•	•	가까운 곳에 두고도 못 찾고 먼데 가서 찾는다는 뜻
백사장에	•	•	세상을 좁게 보고 넓게 보지 못한다는 뜻
업은 아기	•	•	셀 수 없이 많다는 뜻
가까운 길 버리고	•	•	쉬운 방법을 두고 어려운 방법을 택한다는 뜻

| 원님 덕에 | 시장이 | 망건 쓰고 | 걷기도 전에 |

| 반찬이다 | 세수한다 | 나팔 분다 | 뛰려고 한다 |

🖌️ 왼쪽 속담을 완성해 보고, 뜻을 오른쪽에서 찾아 선으로 연결해 보세요.

| 원님 덕에 | ● | ● | 일의 순서가 바뀌었다는 뜻 |

| 시장이 | ● | ● | 쉬운 일도 못하면서 어려운 일을 하려고 한다는 뜻 |

| 망건 쓰고 | ● | ● | 배고플 때는 어떤 음식도 맛있게 느껴진다는 뜻 |

| 걷기도 전에 | ● | ● | 남의 덕에 이익을 보게 되었다는 뜻 |

사다리 연결하기

위에서 출발하여 사다리타기로 선을 따라가서 연결되는
속담을 찾아보세요.

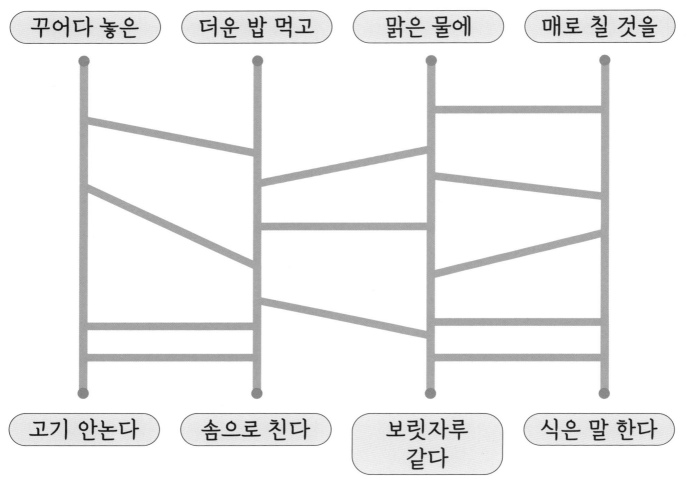

| 꾸어다 놓은 | 더운 밥 먹고 | 맑은 물에 | 매로 칠 것을 |

| 고기 안논다 | 솜으로 친다 | 보릿자루 같다 | 식은 말 한다 |

✏️ 왼쪽 속담을 완성해 보고, 뜻을 오른쪽에서 찾아 선으로 연결해 보세요.

꾸어다 놓은	•	•	너무 청렴하면 돈이나 사람이 모이지 않는다는 뜻
더운 밥 먹고	•	•	분위기에 어울리지 못하는 모습
맑은 물에	•	•	엄벌에 내려야 할 것을 가볍게 넘어간다는 뜻
매로 칠 것을	•	•	쓸데없이 싱거운 소리 한다는 뜻

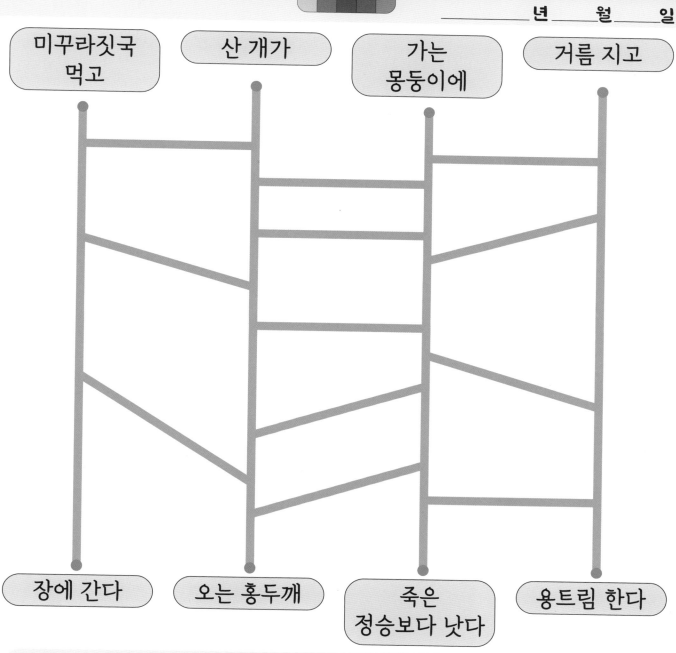

미꾸라짓국 먹고 · 산 개가 · 가는 몽둥이에 · 거름 지고

장에 간다 · 오는 홍두깨 · 죽은 정승보다 낫다 · 용트림 한다

🖌️왼쪽 속담을 완성해 보고, 뜻을 오른쪽에서 찾아 선으로 연결해 보세요.

미꾸라짓국 먹고	•	•	어려운 처지라도 살아있는 게 낫다는 뜻
산 개가	•	•	남에게 해를 입히면 자신은 더 큰 피해가 돌아온다는 뜻
가는 몽둥이에	•	•	영문도 모르고 남이 한다고 무조건 따라한다는 뜻
거름지고	•	•	별일 아닌 일을 해놓고 대단한 일을 한 것처럼 허세를 부린다는 뜻

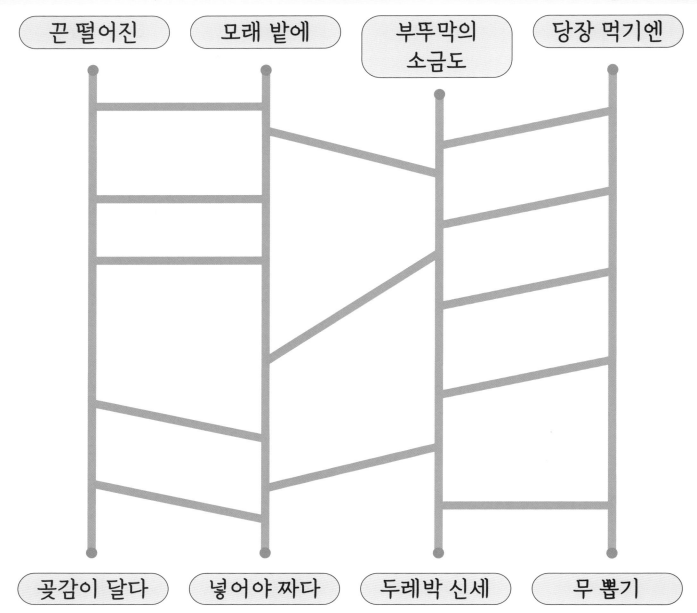

끈 떨어진   모래 밭에   부뚜막의 소금도   당장 먹기엔

곶감이 달다   넣어야 짜다   두레박 신세   무 뽑기

✏️왼쪽 속담을 완성해 보고, 뜻을 오른쪽에서 찾아 선으로 연결해 보세요.

끈 떨어진	의지할 데 없이 외로운 처지
모래밭에	나중에 어떻게 되든 당장 쉽고 편한 것을 택한다는 뜻
부뚜막의 소금도	일을 아주 쉽게 한다는 뜻
당장 먹기엔	아무리 쉬운 일이라도 노력없이는 안된다는 뜻

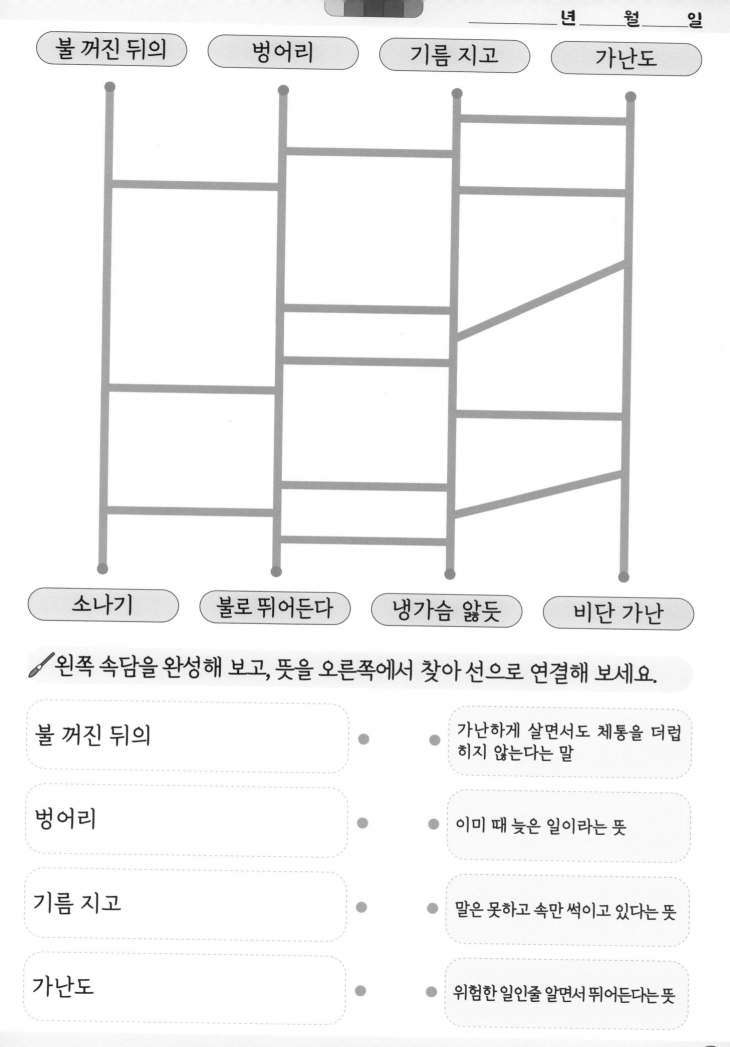

불 꺼진 뒤의 · 벙어리 · 기름 지고 · 가난도

소나기 · 불로 뛰어든다 · 냉가슴 앓듯 · 비단 가난

✎왼쪽 속담을 완성해 보고, 뜻을 오른쪽에서 찾아 선으로 연결해 보세요.

불 꺼진 뒤의 · · 가난하게 살면서도 체통을 더럽히지 않는다는 말

벙어리 · · 이미 때 늦은 일이라는 뜻

기름 지고 · · 말은 못하고 속만 썩이고 있다는 뜻

가난도 · · 위험한 일인줄 알면서 뛰어든다는 뜻

숨은 속담 찾기

아래 글자에는 가로, 세로, 대각선으로 10개의 속담이 숨어 있어요. 속담을 찾아 보기 (그림의 떡)과 같이 표시해 주세요.

가	랑	비	그	림	의	떡	준	놈
금	어	물	전	비	온	뒤	에	누
강	콩	갈	수	록	태	산	누	워
산	으	병	말	한	마	디	로	서
도	로	주	미	운	아	이	눈	침
식	메	고	내	코	가	석	자	뱉
후	언	약	천	리	길	도	눈	기
경	발	준	호	랑	이	도	게	살
참	에	다	빚	좋	은	개	살	구
새	오	벼	이	삭	은	고	개	태
가	줌	이	티	끌	모	아	태	산
방	누	윗	물	이	맑	아	야	아
아	기	쇠	귀	에	경	읽	기	래

천	리	길	도	한	걸	음	부	터
신	선	놀	음	에	도	끼	발	등
만	아	말	이	씨	가	된	다	작
구	닌	한	백	지	장	하	도	은
되	밤	마	사	공	이	늘	개	고
로	중	디	우	물	안	의	구	추
주	에	산	넘	어	산	별	리	가
고	홍	미	운	아	이	따	밤	맴
말	두	병	주	고	약	기	준	다
로	깨	목	구	멍	이	포	도	청
반	마	른	하	늘	에	날	벼	락
는	쇠	뿔	도	단	김	갚	는	다
다	도	둑	이	제	발	저	린	다

고	개	천	에	서	용	난	다	뚝
진	양	수	박	겉	핥	기	미	배
계	지	이	굼	산	입	에	거	기
란	령	평	목	입	포	도	청	보
으	고	생	끝	에	낙	이	온	다
로	달	다	못	거	방	모	가	장
바	도	람	된	미	무	을	장	맛
위	차	쥐	송	줄	쇠	콩	달	걀
치	면	칼	아	치	도	한	접	기
기	기	장	로	랴	갈	쪽	시	마
달	운	날	지	물	면	도	물	주
밤	다	칼	로	플	베	나	눠	먹
모	기	보	고	칼	빼	기	러	기

가	순	가	뭄	에	콩	나	듯	장
을	추	풍	낙	지	비	오	는	날
비	온	끝	에	죽	순	자	라	듯
공	든	달	꿩	돗	장	독	대	다
든	숯	밤	먹	까	단	벼	룩	된
탐	이	에	고	마	나	듯	등	죽
이	검	모	알	귀	비	잔	재	에
무	정	자	먹	눌	밑	고	주	코
너	나	쓰	기	이	북	슴	는	빠
지	무	기	어	삿	치	도	곰	쯔
랴	란	둠	야	갓	고	치	이	린
고	다	짚	신	도	짝	이	있	다
마	파	람	에	게	눈	감	추	듯

끌	먹	은	벙	밑	져	야	본	전
시	먹	무	소	식	이	희	소	식
간	문	은	가	지	많	은	사	은
이	지	바	벙	바	람	잘	서	죽
반	방	람	두	어	소	거	한	먹
밑	에	두	레	박	리	을	다	기
빠	불	난	집	에	부	채	질	알
진	이	서	당	개	삼	년	사	면
독	난	하	나	고	팥	나	돈	병
에	다	콩	심	은	생	고	남	모
물	미	운	아	이	떡	을	말	르
붓	고	양	이	목	에	방	한	면
끼	옥	에	도	티	가	있	다	약

한	물	긴	병	에	효	자	없	다
입	가	만	소	잃	고	외	양	쇠
으	에	못	난	송	아	말	핑	뻘
로	내	형	하	고	덕	한	계	도
찬	놓	고	만	고	기	마	없	단
물	은	위	로	한	마	디	는	김
도	아	다	양	치	아	로	무	에
위	이	람	양	손	산	우	덤	빼
아	같	쥐	그	림	의	천	없	라
래	다	꼬	양	날	의	떡	다	다
가	꼬	리	가	길	면	밟	힌	다
있	친	구	따	라	강	남	간	다
다	벼	는	익	을	수	록	고	개

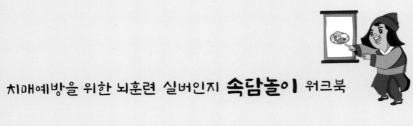

치매예방을 위한 뇌훈련 실버인지 **속담놀이** 워크북

정답 · 속담 뜻풀이

번호		정답	①	②	③
속담 빈칸 채우기 ▌한 개 채우기	1	**도토리**	밤	땅콩	도토리
	2	**까마귀**	까치	참새	까마귀
	3	**고양이**	고양이	개	돼지
	4	소	소	말	스님
	5	꿩	닭	병아리	꿩
	6	쥐	박쥐	쥐	다람쥐
	7	개	개	개미	꿀벌(벌)
	8	굴뚝	모닥불	벽난로	굴뚝
	9	산	바다	산	폭포
	10	우물	우물	약수터	가마솥
	11	수박	석류	참외	수박
	12	개	토끼	양	개
	13	콩	팥	콩	땅콩
	14	도끼	칼	호미	도끼
	15	**고양이**	닭	고양이	도마뱀
	16	코	코	귀	손(손가락)
	17	용	거북	용	개구리
	18	거미	사마귀	무당벌레	거미
	19	**메뚜기**	파리	메뚜기	나비
	20	호미	삽	톱	호미
	21	구슬	진주	구슬	실
	22	나무	나무	포도	가지
	23	우물	우물	장독	표주박
	24	**돌다리**	다리	돌다리	바위
	25	**호랑이**	호랑이	사자	코끼리
	26	개	고양이	개	소
	27	수레	상자	수레	양동이
	28	**미꾸라지**	금붕어	메기	미꾸라지
	29	**가재**	가재	소라	굴
	30	게	새우	게	문어

번호	정답	①	②	③
31	등잔	등잔	촛불	전구
32	지렁이	개미	지렁이	바퀴벌레
33	탑	불상	탑	장승
34	칼	도끼	망치	칼
35	숯	벼루	숯	연탄
36	수염	젓가락	수염	숟가락
37	계란	주먹	못	계란
38	돌	돌	바퀴	물레방아
39	토끼	아기	토끼	여우
40	호박	당근	수박	호박
41	쥐	사슴벌레	쥐	개구리
42	감	감	배	복숭아
43	달	달	해	별
44	짚신	나막신	짚신	구두
45	우물	우물	땅	연못
46	숟가락	젓가락	숟가락	주걱
47	떡	사탕	떡	밥
48	바늘	바늘	칼	낫
49	보따리	돈	보따리	밥
50	개구리	돼지	병아리	개구리
51	꼬리	꼬리	머리	다리
52	입	귀	집	입
53	지푸라기	지푸라기	지팡이	나뭇가지
54	팔	발	팔	손
55	콩	팥	콩	잣
56	모기	모기	파리	나방
57	소	염소	말	소
58	송아지	망아지	송아지	강아지
59	토끼	토끼	닭	멧돼지
60	다람쥐	두더지	제비	다람쥐

속담 빈칸 채우기 ▦ 한 개 채우기

번호	정답	①	②	③
61	**뚝배기**	장독	된장	뚝배기
62	**무**	무	고구마	인삼
63	**말**	기린	사슴	말
64	**콩**	감자	콩	밤
65	**번데기**	호랑이	번데기	나비
66	**원숭이**	참새	다람쥐	원숭이
67	**안경**	선녀	천사	안경
68	**콩**	콩	귤	땅콩
69	**혀**	다리	코	혀
70	**눈썹**	눈썹	발톱	가죽
71	**두부**	된장	두부	메주
72	**칼**	칼	낫	총
73	**새**	총알	화살	새
74	**떡**	향로	전	떡
75	**돛**	돛	닻	그물
76	**죽순**	대나무	죽순	새싹
77	**접시**	우물	접시	바다
78	**낙엽**	나뭇잎	국화	낙엽
79	**버선**	양말	버선	고무신
80	**배추**	배추	무	고구마
81	**낫**	삽	낫	곡괭이
82	**조개**	호두	달걀	조개
83	**은행나무**	단풍나무	은행나무	감나무
84	**달걀**	달걀	돌	수레
85	**곶감**	곶감	꿀	호빵
86	**족제비**	원숭이	족제비	쥐
87	**나막신**	짚신	고무신	나막신
88	**삿갓**	갓	삿갓	탈
89	**가마솥**	냄비	주전자	가마솥
90	**돼지**	양	돼지	고슴도치

속담 빈칸 채우기 ▉ 한 개 채우기

번호	정답	①	②	③
1	바늘, 소	엽전 지갑	바늘 돼지	못 소
2	고래, 새우	상어 새우	고래 게	새우 고래
3	자라, 솥뚜껑	솥뚜껑 자라	자라 뚝배기	토끼 솥뚜껑
4	감, 배	밤 배	감 대추	딸기 사과
5	개구리, 올챙이	개구리알 애벌레	개구리 올챙이	나비 번데기
6	용, 뱀	도마뱀 뱀	뱀 용	용 악어
7	갓, 양복	모자(중절모) 한복	갓 양복	족두리 두루마기
8	까마귀, 백로	비둘기 백로	까치 공작	까마귀 오리
9	낙타, 바늘	낙타 동굴	쥐 쥐구멍	박쥐 바늘
10	늑대, 고양이	너구리 고슴도치	늑대 여우	사자 고양이
11	꼴뚜기, 모과	멍게 포도	꼴뚜기 모과	쭈꾸미 배
12	곰, 돈	곰 밥	얼룩말 떡	뱀 돈
13	호랑이, 토끼	사자 토끼	호랑이 참새	박쥐 개구리
14	북, 장구	꽹과리 소고	목탁 장구	북 징
15	범, 여우	범(호랑이) 너구리	늑대 여우	곰 고슴도치
16	창문, 대문	대문 대문	창문 창문	바위 열쇠
17	산, 정자	물 정자	산 원두막	밭 집
18	벼룩, 파리	벼룩 모기	망아지 파리	메뚜기 매미
19	두부, 이빨	두부 코	국수 이빨	호두 반지
20	쥐, 고양이	노루 고양이	두꺼비 늑대	쥐 거북

속담 빈칸 채우기 ▤ 두 개 채우기

p.48	가지나무에 수박 열린 격		도저히 불가능한 일이 이루어 졌다는 뜻
	눈 가리고 아웅한다		몹시 두렵거나 싫은 표정이라는 뜻
	개구리 뱀보듯 한다		어떤 것이 끝나면 새로운 것이 온다는 뜻
	기러기가 가면 제비가 온다		얕은 꾀로 남을 속이려고 한다는 뜻

p.49	도깨비 감투를 뒤집어 쓰다		쉬운 일을 하다가 어이없이 화를 당한다는 뜻
	두부 먹다가 이빨 빠진다		말을 해야 속마음을 알 수 있다는 뜻
	말 안하면 귀신도 모른다		몹시 가난하여 굶주린다는 뜻
	목구멍에 거미줄 친다		갑자기 행운을 만나 좋은 일이 많아진다는 뜻

p.50	바늘구멍으로 하늘 보기		가까운 곳에 두고도 못 찾고 먼데 가서 찾는다는 뜻
	백사장에 모래알이다		세상을 좁게 보고 넓게 보지 못한다는 뜻
	업은 아기 삼년 찾는다		셀 수 없이 많다는 뜻
	가까운 길 버리고 먼 길로 간다		쉬운 방법을 두고 어려운 방법을 택한다는 뜻

p.51	원님 덕에 나팔 분다		일의 순서가 바뀌었다는 뜻
	시장이 반찬이다		쉬운 일도 못하면서 어려운 일을 하려고 한다는 뜻
	망건 쓰고 세수한다		배고플 때는 어떤 음식도 맛있게 느껴진다는 뜻
	걷기도 전에 뛰려고 한다		남의 덕에 이익을 보게 되었다는 뜻

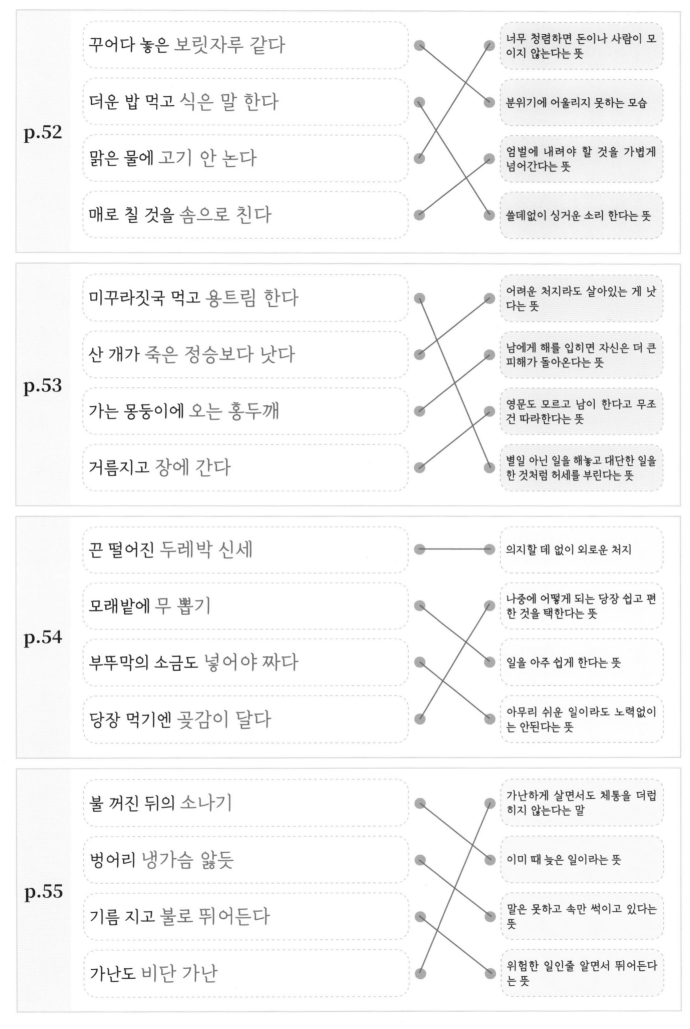

p.52		
꾸어다 놓은 보릿자루 같다		너무 청렴하면 돈이나 사람이 모이지 않는다는 뜻
더운 밥 먹고 식은 말 한다		분위기에 어울리지 못하는 모습
맑은 물에 고기 안 논다		엄벌에 내려야 할 것을 가볍게 넘어간다는 뜻
매로 칠 것을 솜으로 친다		쓸데없이 싱거운 소리 한다는 뜻

p.53		
미꾸라짓국 먹고 용트림 한다		어려운 처지라도 살아있는 게 낫다는 뜻
산 개가 죽은 정승보다 낫다		남에게 해를 입히면 자신은 더 큰 피해가 돌아온다는 뜻
가는 몽둥이에 오는 홍두깨		영문도 모르고 남이 한다고 무조건 따라한다는 뜻
거름지고 장에 간다		별일 아닌 일을 해놓고 대단한 일을 한 것처럼 허세를 부린다는 뜻

p.54		
끈 떨어진 두레박 신세		의지할 데 없이 외로운 처지
모래밭에 무 뽑기		나중에 어떻게 되든 당장 쉽고 편한 것을 택한다는 뜻
부뚜막의 소금도 넣어야 짜다		일을 아주 쉽게 한다는 뜻
당장 먹기엔 곶감이 달다		아무리 쉬운 일이라도 노력없이는 안된다는 뜻

p.55		
불 꺼진 뒤의 소나기		가난하게 살면서도 체통을 더럽히지 않는다는 말
벙어리 냉가슴 앓듯		이미 때 늦은 일이라는 뜻
기름 지고 불로 뛰어든다		말은 못하고 속만 썩이고 있다는 뜻
가난도 비단 가난		위험한 일인줄 알면서 뛰어든다는 뜻

1번 (왼쪽 위)

가	랑	비	그	림	의	떡	준	놈
금	어	물	전	비	온	뒤	에	누
강	콩	갈	수	록	태	산	디	워
산	도	병	말	한	마	운	아	서
도	메	주	미	코	가	석	자	침
식	후	고	내	코	가	석	자	뱉
경	언	약	천	리	길	도	게	기
참	발	준	호	랑	이	도	게	살
새	에	다	빛	좋	은	개	살	구
가	오	벼	이	삭	은	고	개	태
방	줌	이	티	끌	모	아	태	산
아	누	윗	물	이	맑	아	야	아
기	쇠	귀	에	경	읽	기		래

2번 (오른쪽 위)

천	리	길	도	한	걸	음	부	터
신	선	놀	음	에	도	끼	발	등
만	아	말	이	씨	가	된	다	작
구	닌	한	백	지	장	이	안	은
되	밤	마	사	공	이	하	도	고
로	중	디	우	물	안	늘	개	추
주	에	산	넘	어	산	의	구	가
고	홍	미	운	아	이	별	리	맵
말	두	병	주	고	약	따	밤	다
로	깨	목	구	멍	이	포	도	청
받	마	른	하	늘	에	날	벼	락
는	쇠	뿔	도	단	김	갚	는	다
다	도	둑	이	제	발	저	린	다

3번 (왼쪽 가운데)

고	개	천	에	서	용	난	다	뚝
진	양	수	박	겉	핥	기	미	배
계	지	이	굼	산	입	에	거	기
란	령	평	목	임	포	도	청	보
으	고	생	끝	에	낙	이	온	다
로	달	다	못	거	방	모	가	장
바	도	람	된	미	무	을	달	맛
위	차	쥐	송	줄	쇠	콩	한	갈
치	면	칼	아	치	도	갈	점	기
기	기	장	로	랴	물	면	시	마
달	운	날	지	물	베	도	물	주
밤	다	칼	로	플	면	나	뉘	먹
모	기	보	고	칼	빼	기	러	기

4번 (오른쪽 가운데)

가	순	가	뭄	에	콩	나	듯	장
을	추	풍	낙	지	비	오	는	날
비	온	끝	에	죽	순	자	라	듯
공	든	달	꿩	돛	장	독	대	다
든	숲	밤	먹	까	단	벼	록	된
탑	이	에	고	마	나	듯	등	죽
이	검	모	알	귀	비	잔	재	에
무	정	자	먹	놀	밑	고	주	코
너	나	쓰	기	이	북	습	는	빠
지	무	기	어	삿	치	도	곰	쁘
랴	란	둠	야	갓	고	치	이	린
고	다	짚	신	도	짝	이	있	다
마	파	람	에	게	눈	감	추	듯

5번 (왼쪽 아래)

끝	먹	은	병	밑	져	야	본	전
시	먹	무	소	식	이	희	소	식
간	문	은	가	지	많	은	사	은
이	지	바	벙	바	람	잘	서	죽
반	방	람	두	어	소	거	한	먹
밑	에	불	레	박	을	채	다	기
빠	불	난	집	에	부	채	질	알
진	이	서	당	개	삼	년	사	면
독	난	하	나	고	팥	나	돈	병
에	다	콩	심	은	이	떡	남	모
물	미	운	아	이	목	에	말	르
붓	고	양	이	도	티	가	한	면
기	옥	에	도	티	가	있	다	약

6번 (오른쪽 아래)

한	물	긴	병	에	효	자	없	다
입	가	만	소	잃	고	외	양	쇠
으	에	못	난	송	아	말	핑	뿔
로	내	형	하	고	덕	한	계	도
찬	놓	고	만	고	기	마	없	단
물	은	고	위	로	한	마	는	김
도	아	이	다	양	치	아	무	에
위	이	같	양	양	손	산	덤	빼
아	다	쥐	그	림	의	천	없	라
래	꼬	꼬	양	날	의	떡	다	다
가	리	가	길	면	밟	힌		다
있	친	구	따	라	강	남	간	다
다	벼	는	익	을	수	록	고	개

1	개밥에 도토리	여러 사람들 속에 끼지 못하는 외로운 처지
2	까마귀 날자 배 떨어진다.	상관없는 일이 공교롭게 같이 일어나 관계가 있는 것처럼 의심을 받는다
3	고양이 목에 방울 달기	절실하게 바라는 일이지만 실현 불가능한 경우
4	소 귀에 경 읽기	못알아 듣는 사람에게 말해봐야 소용없다
5	꿩 먹고 알 먹기	한 번에 두 가지 이상의 이익을 보게 됨
6	낮말은 새가 듣고 밤말은 쥐가 듣는다.	비밀로 한 말도 남의 귀에 들어가기 쉬우니 항상 말조심하라
7	개 같이 벌어서 정승같이 산다.	힘든 일 따지지 말고 돈을 벌고 쓸 때는 떳떳하고 여유있게 쓴다
8	아니 땐 굴뚝에 연기 나랴	어떤 결과에는 반드시 원인이 있다
9	사공이 많으면 배가 산으로 올라간다.	지시하고 간섭하는 사람이 많으면 일이 제대로 되기 어렵다
10	우물에 가서 숭늉 찾는다.	성격이 급하여 절차를 무시하고 서두르거나 재촉한다
11	수박 겉 핥기	내용은 제대로 모르고 겉만 보고 넘긴다
12	오뉴월 감기는 개도 안걸린다.	여름에 감기 걸린 사람에게 놀리는 말
13	가뭄에 콩나듯 한다.	일이 어쩌다 한 번씩 드문드문 생긴다
14	믿는 도끼에 발등 찍힌다.	믿었던 사람에게 배신 당하다
15	얌전한 고양이 부뚜막에 먼저 올라간다.	겉으로 얌전한 척하지만 속으로는 딴짓을 하거나 실속을 다 차린다
16	눈 감으면 코 베어가는 세상이다.	세상이 매우 험악하고 믿을수 없다
17	개천에서 용난다.	어려운 환경에서 훌륭한 인물이 나는 경우
18	거미도 줄을 쳐야 벌레를 잡는다.	무슨 일이든 거기에 필요한 준비가 있어야 그 결과를 얻을 수 있다
19	메뚜기도 유월이 한철이다.	무엇이든 전성기는 매우 짧다
20	호미로 막을 것 가래로 막는다.	미리 처리하였으면 쉬웠을 일을 방치하다가 나중에 큰 힘을 들이게 된다
21	구슬이 서말이라도 꿰어야 보배	아무리 좋은 것이라도 쓸모 있게 만들어 놓아야 값어치가 있다
22	가지 많은 나무 바람잘 날 없다.	자식을 많이 둔 부모에게는 근심 걱정이 끊일 날이 없다
23	우물 안 개구리	자기만의 세계에서 갇혀 넓은 세상 형편을 모르는 사람
24	돌다리도 두들겨 보고 건넌다.	확실한 일이라도 다시 한 번 확인하고 주의를 기울여야 한다

25	호랑이도 제 말하면 온다.	그 자리에 없는 사람이라고 남을 흉보아서는 안 된다
26	밥 먹을 때는 개도 안건드린다.	먹고 있을 때는 아무리 잘못이 있어도 꾸짖지 말라
27	빈 수레가 요란하다.	잘 알지 못하는 사람이 아는 체하고 더 떠든다
28	미꾸라지 한 마리가 온 웅덩이를 흐린다.	한사람으로 인해서 여러 사람한테 피해를 준다
29	가재는 게 편	형편이 비슷한 친구끼리 서로 돕거나 편을 들어준다
30	마파람에 게 눈 감추듯	음식을 먹는 속도가 매우 빠르다
31	등잔 밑이 어둡다.	가까운 있는 일을 오히려 잘 모른다
32	지렁이도 밟으면 꿈틀한다.	순하고 좋은 사람이라도 지나치게 자극하면 가만있지 않는다
33	공든 탑이 무너지랴	정성을 다해 한 일은 반드시 좋은 결과가 돌아온다
34	칼로 물베기	다투어도 시간이 지나 곧 사이가 다시 좋아진다
35	숯이 검정 나무란다.	자기 허물은 생각하지 않고 남의 허물을 들추어낸다
36	수염이 열자라도 먹어야 양반	아무리 대단한 사람이라도 먹어야 살지 굶으면 아무 소용 없다
37	계란으로 바위치기	도저히 이길 수 없는 일을 하는 경우
38	구르는 돌에는 이끼가 끼지 않는다.	꾸준히 노력하는 사람은 뒤처지지 않고 계속 성장한다
39	토끼가 제 방귀에 놀란다.	지은 죄 때문에 겁을 먹고 떨고 대수롭지 않은 일에도 놀라다
40	호박이 넝쿨째 굴러 들어온다.	뜻밖에 좋은 일이 생기다
41	황소 뒷걸음치다 쥐잡는다.	우연한 일이 예상치 못하게 좋은 일이 되거나, 우연히 알아맞히다
42	못 먹는 감 찔러나 보다.	내 걸로 만들지 못할 바에야 남도 갖지 못하게 못쓰게 만든다
43	달도 차면 기운다.	무슨 일이든 한번 번성하면 반드시 쇠하기 마련이다
44	짚신도 짝이 있다.	보잘것없는 사람도 어울리는 제짝이 있다
45	목마른 사람이 우물판다.	절실히 필요한 사람이 그 일을 서둘러 하게 되어 있다
46	어물전 망신은 꼴뚜기가 시킨다.	못난 사람이 속해있던 단체나 여러 사람에게 폐를 끼친다
47	미운 아이 떡 하나 더 준다.	미울수록 더 잘해주어야 미워하는 마음이 가신다
48	무쇠도 갈면 바늘 된다.	꾸준히 노력하면 아무리 어려운 일도 이룰 수 있다

49	물에 빠진 놈 건져 놓으니 보따리 내놓으라 한다.	은혜를 입고도 그 고마움을 모르고 도리어 생트집을 잡는다
50	무심코 던진 돌에 개구리가 맞아 죽는다.	별 의도없이 한 행동이나 말에 상대방이 상처입는다
51	꼬리가 길면 밟힌다.	남모르게 나쁜 짓을 할 수 있으나 오랫동안 계속하면 결국 들킨다
52	산 입에 거미줄 치랴	아무리 가난해도 그럭저럭 먹고 살아가기 마련이다
53	물에 빠지면 지푸라기라도 잡는다.	위급한 상황이 되면 무엇이라도 의지하게 된다
54	팔은 안으로 굽는다.	누구나 가까운 사람편을 들게 마련이다
55	남의 밥에 든 콩이 커보인다.	남의 것이나 상황이 항상 자기 것보다 좋아 보인다
56	모기 보고 칼 빼기	별일 아닌 일에 소란을 피우거나 크게 성을 내다
57	소도 언덕이 있어야 비빈다.	누구나 의지할 곳이 있어야 무슨 일이든지 이룰 수 있다
58	못된 송아지 엉덩이에 뿔난다.	못된 사람이 엇나가는 짓만 한다
59	가는 토끼 잡으려다 잡은 토끼 놓친다.	지나치게 욕심을 부리면 이미 가지고 있는 것도 잃는다
60	가을 다람쥐처럼 욕심도 많다.	욕심을 잔뜩 부리는 사람
61	뚝배기보다 장맛	겉은 보잘것없으나 내용은 훨씬 훌륭하다
62	모래밭에 무 뽑듯	일을 아주 쉽게 한다
63	발 없는 말이 천리 간다.	말이나 소문은 순식간에 퍼진다
64	번갯불에 콩 구워 먹겠다.	행동이 무척 빠르거나 성격이 무척 급한 사람
65	번데기 앞에서 주름 잡기	자기보다 잘난 사람 앞에서 잘난체 하다
66	원숭이도 나무에서 떨어질 날이 있다.	잘하는 일이라도 실수할 수 있으니 자만하지 말라
67	제 눈의 안경	아무리 보잘것없는 것도 자기 마음에 들면 좋게 보인다
68	콩 한쪽도 나눠 먹는다.	아주 작은 것도 나누며 사는 것이 사람의 도리이다
69	혀가 부지런하면 손발이 느리다.	말이 많은 사람은 실천을 잘 못한다
70	호랑이 눈썹 빼오듯 한다.	매우 위험한 일이라 매우 조심스럽게 한다
71	콩 밭에 가서 두부 찾는다.	지나치게 성급하게 행동하다
72	칼도 날이 서야 쓴다.	자기의 역할을 제대로 하려면 그만한 실력이 있어야 한다

73	나는 화살도 떨어뜨린다	권력이 대단하여 모든 일을 자기 마음대로 할 수 있는 상태
74	떡 본 김에 제사 지낸다.	우연히 찾아온 좋은 기회에 하려던 일을 해치운다
75	순풍에 돛 단듯	만사형통으로 일이 잘되다
76	비온 끝에 죽순 자라듯	매우 빠르게 자라거나 퍼져나간다
77	접시물에 빠져도 죽는 수가 있다.	운이 나쁘려면 불가능한 일도 일어날 수 있으니 신중해라
78	추풍 속의 낙엽	세력이 갑자기 기울어지거나 약해진 모습
79	남의 발에 버선 신긴다.	자신을 위해 한 일이 남을 위한 일이 되었다
80	배추밭에 개똥처럼 내던진다.	마구 던져 내던져버린다
81	다 된 농사에 낫들고 덤빈다.	다 끝난 뒤에 쓸데없이 나타나 참견하여 시비를 건다
82	조개 껍데기는 녹슬지 않는다.	천성이 착한 사람은 다른 사람의 나쁜 습관에 물들지 않는다
83	은행나무도 마주서야 연다.	사람이 마주보고 대하여야 인연이 더 깊어진다
84	달걀도 굴러가다 서는 모가 있다.	1. 어떤 일이든 끝날때가 있다 2. 좋은 사람도 화낼 때가 있다
85	당장 먹기엔 곶감이 달다.	당장 좋고 편한 것은 그때 뿐이지 정작 좋고 이로운 것은 못 된다
86	족제비는 꼬리보고 잡는다.	1. 모든 일은 이유가 있어야 한다 2. 무슨 일에나 쓸모 있는 사람을 쓴다
87	비오는 날 나막신 찾듯	몹시 아쉬워서 찾는 모양
88	달밤에 삿갓 쓰고 나온다.	가뜩이나 미운 사람이 더 미운 짓만 한다
89	가마솥에 콩 볶듯 한다.	말로 사람을 귀찮게 하는 경우
90	돼지 발톱에 봉숭아 물	자신의 격에 전혀 어울리지 않는다

속담 뜻풀이 – 속담 빈칸 채우기 – 빈칸 두 개 채우기

1	바늘 도둑이 소 도둑 된다.	작은 나쁜 짓도 자꾸 하게 되면 더 큰 잘못을 저지르게 된다
2	고래 싸움에 새우등 터진다.	힘센 사람끼리 싸우는데 상관없는 사람이 피해를 본다
3	자라 보고 놀란 가슴 솥뚜껑 보고 놀란다.	어떤 일에 몹시 놀란 사람은 그와 비슷한 것만 보아도 놀란다
4	남의 잔치에 감 놓아라, 배 놓아라 한다.	자신과 상관없는 일에 공연히 간섭하고 나선다
5	개구리 올챙이 적 생각 못한다.	형편이 나아졌다고 어려웠던 때를 생각하지 못하고 잘난 체한다
6	용의 꼬리보다 뱀의 머리가 낫다.	큰 곳에서 뒤꽁무니를 쫓는 것보다 작은데서 우두머리가 되는 것이 낫다

7	갓 쓰고 양복 입기	어떤 일이나 차림이 전혀 어울리지 않는다
8	까마귀 노는데 백로야 가지 마라	나쁜 무리에 어울리지 마라
9	낙타가 바늘 구멍 찾는 격	매우 어려운 일
10	늑대가 양을 지키고, 고양이가 생선을 지킨다.	믿지 못할 상대에게 일을 맡긴다
11	어물전 망신은 꼴뚜기가 시키고, 과일전 망신은 모과가 시킨다.	못난 사람으로 인해 주변 사람들까지 함께 망신을 당한다
12	재주는 곰이 넘고, 돈은 주인이 가진다.	수고한 사람은 따로 있고 대가는 다른 사람이 받는다
13	호랑이도 제 굴에 들어온 토끼는 잡아먹지 않는다.	위험을 피해 온 생명은 해치면 안된다
14	혼자서 북치고 장구친다.	1.자기 마음대로 한다 2.어려운 일을 혼자 다 해결한다
15	호랑이 없는 골에 토끼가 왕 노릇 한다.	대장이 없을 때 하찮은 것들이 나댄다
16	가난이 창문 틈으로 새어들면, 사랑은 대문 열고 도망간다.	가난해지면 사랑도 식어버린다
17	산 좋고 물 좋고 정자 좋은 데 없다.	모든 조건을 다 만족시키는 것은 없다
18	뛰면 벼룩, 날면 파리	마음에 안드는 자는 무슨 짓을 하더라도 귀찮고 밉게 보인다
19	두부 먹다가 이빨 빠진다.	예상치 못한 일이 일어날 수 있으니 매사에 조심해야 한다
20	쥐 잡는 고양이 걸음	매우 조심스럽게 걷는 모습

속담 뜻풀이 - 숨은 속담 찾기

p.58	그림의 떡	아무리 마음에 들어도 가질 수 없는 경우
	갈수록 태산	갈수록 더욱 어려운 지경에 처하게 되는 경우
	내코가 석자	내 사정이 급하고 어려워서 남의 사정을 돌볼 여유가 없다
	빛 좋은 개살구	겉은 좋아보이지만 속은 별 볼일 없다
	티끌 모아 태산	아무리 작은 것이라도 모으면 나중에 큰 것이 된다
	쇠귀에 경 읽기	둔한 사람은 아무리 얘기해도 알아듣지 못한다
	금강산도 식후경	아무리 좋은 구경도 배부르고 난 뒤에야 흥이 난다
	언발에 오줌누기	일시적인 해결을 위하여 한 행동이 후에 또 다른 문제를 낳는다
	병주고 약준다.	남을 힘들게 하고 도와주는 척 한다
	누워서 침뱉기	남에게 해를 입히려고 한 일이 오히려 나에게 해가 된다

p.59	천리길도 한걸음부터	무슨 일이든지 시작이 중요하다
	말이 씨가 된다.	무심코 한 말이 실제로 이루어질 수 있으니 말조심 해야한다
	산넘어 산	갈수록 어렵고 곤란한 일만 생긴다
	목구멍이 포도청	먹고살기 위해 해서는 안 될 짓까지 할 수밖에 없다
	마른 하늘에 날벼락	뜻밖에 당하는 불행한 일
	도둑이 제발 저린다.	죄를 지으면 들킬것 같아 조마조마하게 된다
	되로 주고 말로 받는다.	남에게 조금 해를 끼쳤는데 내가 많이 해를 입게 된다
	아닌 밤중에 홍두깨	예상치 못했던 상황이 느닷없이 벌어질 때
	하늘의 별따기	성취하기 매우 어려운 경우
	작은 고추가 맵다.	작은 것이라도 때에 따라서는 큰 것보다 더욱 뛰어날 수 있다
p.60	개천에서 용 난다.	변변하지 못한 집안에서 훌륭한 인물이 났다
	수박 겉핥기	내용은 제대로 모르고 겉만 보고 넘긴다
	고생 끝에 낙이 온다.	어려운 일을 겪고 난 뒤에는 반드시 좋은 일이 생긴다
	모기 보고 칼 빼기	별일 아닌 일에 소란을 피우거나 크게 성을 내다
	계란으로 바위치기	도저히 이길 수 없는 일을 하는 경우
	달도 차면 기운다.	무슨 일이든 한번 번성하면 반드시 쇠하기 마련이다
	산 입에 거미줄 치랴	아무리 가난해도 그럭저럭 먹고 살아가기 마련이다
	뚝배기보다 장맛	겉은 보잘것없으나 내용은 훨씬 훌륭하다
	고양이 목에 방울 달기	절실하게 바라는 일이지만 실현 불가능한 경우
	칼로 물베기	다투어도 시간이 지나 곧 사이가 다시 좋아진다
p.61	가뭄에 콩 나듯	일이 어쩌다 한 번씩 드문드문 생긴다
	비온 끝에 죽순 자라듯	매우 빠르게 자라거나 퍼져나간다
	짚신도 짝이 있다.	보잘것없는 사람도 어울리는 제짝이 있다
	마파람에 게 눈 감추듯	음식을 먹는 속도가 매우 빠르다
	공든 탑이 무너지랴	정성을 다해 한 일은 반드시 좋은 결과가 돌아온다

	숯이 검정 나무란다.	자기 허물은 생각하지 않고 남의 허물을 들추어낸다
	꿩 먹고 알 먹기	한 번에 두 가지 이상의 이익을 보게 됨
p.61	다된 죽에 코 빠뜨리기	오랫동안 노력한 일을 실수로 망쳐버리다
	순풍에 돛 단듯	일이 순조롭게 풀리는 모양
	등잔 밑이 어둡다.	가까운 있는 일을 오히려 잘 모른다
	밑져야 본전	손해 볼 것이 없으니 한번 해 보아야 한다
	무소식이 희소식	아무 소식이 없는 것은 잘 지내고 있다는 뜻이다
	불난 집에 부채질	화난 사람에게 더 화나게 하거나 곤란한 사람을 더 어렵게 한다
	옥에도 티가 있다.	아무리 훌륭한 사람이나 물건이라도 사소한 흠은 있다
	밑 빠진 독에 물붓기	아무리 애를 써도 보람이 없는 일
p.62	문지방에 불이 난다.	어떤 장소를 매우 자주 드나든다
	사돈 남말한다.	자기 잘못은 제쳐두고 남의 잘못만 나무란다
	식은 죽 먹기	아주 쉽게 하는 일
	알면 병 모르면 약	모르면 마음 편할 수 있지만 알면 걱정이 된다
	꿀먹은 벙어리	무슨 일에 대하여 아무 말이 없는 사람
	긴 병에 효자 없다.	무슨 일이든 오래 겪으면 소홀해진다
	꼬리가 길면 밟힌다.	남모르게 나쁜 짓을 할 수 있으나 오랫동안 계속하면 결국 들킨다
	친구 따라 강남 간다.	자기는 하고 싶지 않으나 친구가 하니까 덩달아 한다
	찬물도 위 아래가 있다.	1. 어른부터 차례로 대접해야 한다 2. 일에 순서를 따라 하여야 한다
p.63	물가에 내놓은 아이같다.	하는 행동이 걱정되고 불안하다
	핑계 없는 무덤 없다.	어떤 일이든 핑계를 만들 수 있다
	쇠뿔도 단김에 빼라.	어떤 일이든지 하려고 생각했으면 때 망설이지 말고 하라
	물만난 고기	어려운 상황에서 벗어나 활약하기 좋은 상황이 되다
	형만한 아우 없다.	지식이나 경험이 많은 형이 동생보다 낫다
	양손의 떡	두 가지 일 중에 무엇부터 먼저 해야 할지 모를 경우

저/자/소/개

윤소영 on-edu@nate.com

　건국대학교 교육대학원에서 학습·진로컨설팅 및 평가과정을 공부하며 유아에서 노인에 이르는 전 생애에 걸친 다양한 교육의 필요성을 더욱 절감하게 되었다. 현재 (주)한국실버교육협회 대표이사, (주)하자교육연구소 및 하자교육컨설팅 대표, 한국영상대학교 외래교수로 재직하면서 치매예방 및 노인을 위한 교재, 교구를 개발·보급하고 있다. 현재 장기요양기관 심사위원으로도 활동하고 있으며, 치매예방 온라인교육 플랫폼 인지넷을 운영하고 있다. 주요 저서로는 『치매예방과 관리』『치매예방을 위한 뇌훈련 실버인지놀이 워크북 01권, 02권, 03권』『치매예방을 위한 회상활동 추억 색칠하기+인지 워크북』『치매예방을 위한 회상활동 추억 색칠하기+인지 워크북 –추억놀이편』『치매예방을 위한 회상활동 추억 색칠하기+인지 워크북 –추억놀이편 플러스』『치매예방을 위한 뇌훈련 실버인지 속담놀이 워크북』『치매예방 두뇌 트레이닝 추억의 퀴즈 테마 워크북 1권, 2권』『노인회상 이야기카드』『마음읽기 감정카드』『추억놀이 회상카드』『실전 전래놀이 운영 프로그램』『재미있고 실용적인 시니어 책놀이 운영 프로그램』『실버 인지미술 운영 프로그램』『자녀에게 남기는 인생 기록 부모 자서전』『공감대화를 위한 사진 질문카드』등이 있다.

치매예방을 위한 뇌훈련
실버인지 속담놀이 워크북

1판 1쇄 발행 ● 2021년 1월 7일
1판 4쇄 발행 ● 2023년 9월 6일

지 은 이 ● 윤소영
펴 낸 곳 ● **(주)한국실버교육협회**
　　　　　　경기도 성남시 분당구 운중로 122 601호
디 자 인 ● (주)경상매일신문 디자인사업국
구입문의 ● 02-313-0013
홈페이지 ● www.ksea.co.kr
　　　　　　www.injinet.kr
이 메 일 ● ksea7777@daum.net
I S B N ● 979-11-973079-0-4

정가 12,000원